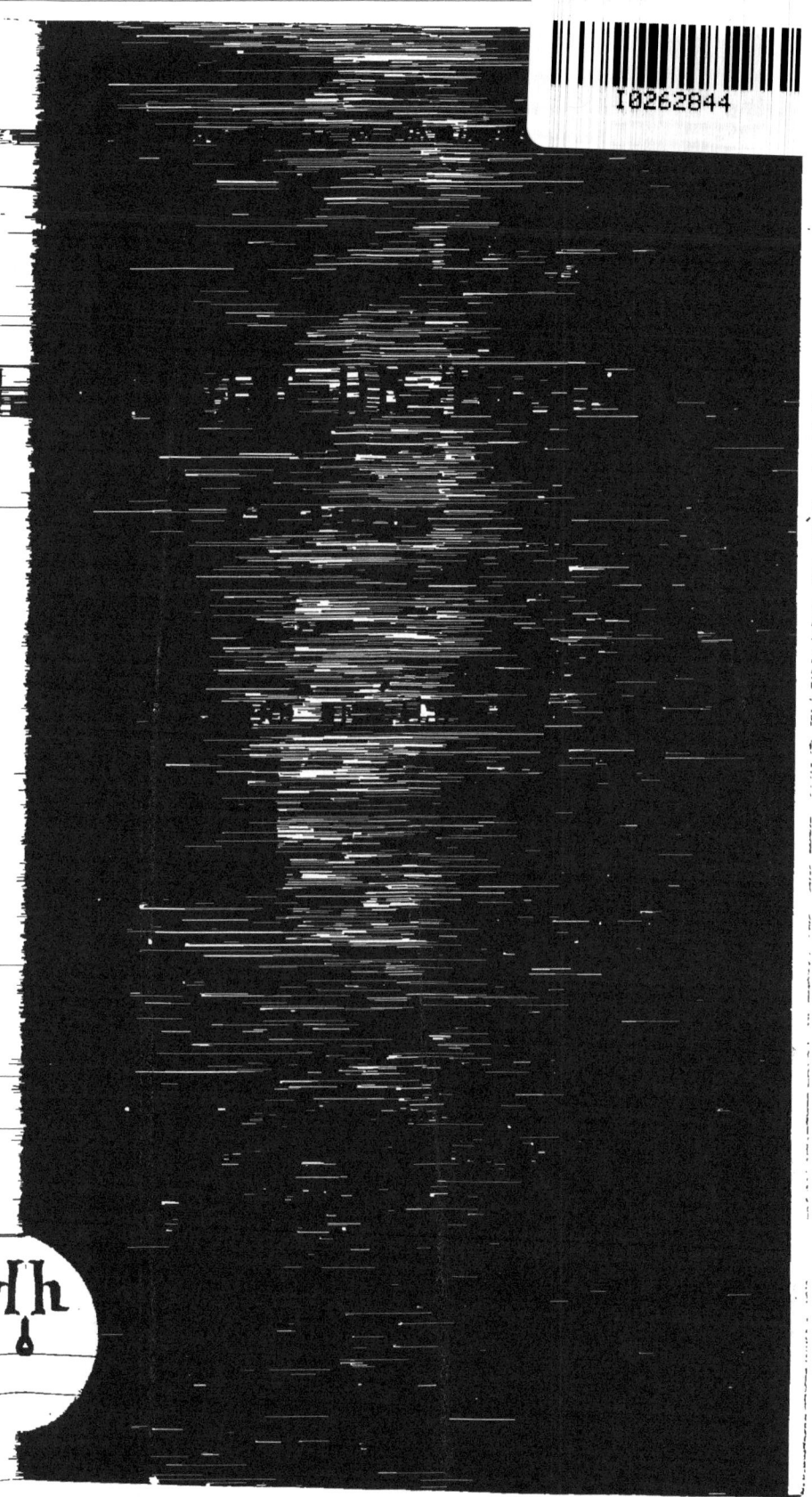

EXTRAIT DE L'ABEILLE DE FONTAINEBLEAU

LE SIÉGE DE TOUL

EN 1870

PAR

FERDINAND DE LACOMBE

FONTAINEBLEAU
IMPRIMERIE DE ERNEST BOURGES
Rue de l'Arbre-Sec, n° 1.

1874

EXTRAIT DE L'*ABEILLE DE FONTAINEBLEAU*

LE SIÈGE DE TOUL

EN 1870

PAR

FERDINAND DE LACOMBE.

La ville de Toul a été récemment évacuée par les Allemands, qui l'occupaient depuis le 23 septembre 1870.

Nous voulons nous associer au deuil de cette petite, mais héroïque cité, en traçant, d'après des documents officiels, le récit exact des souffrances qu'elle endura pendant quarante jours d'un siège célèbre par sa rigueur.

Nous voulons unir notre voix aux cris d'allégresse qui retentissent aujourd'hui dans son enceinte, en rendant un hommage mérité au courage de ses défenseurs, à la tête desquels se place le digne et valeureux commandant Huck, et en louant le patriotisme d'une population à qui le Conseil d'enquête sur la capitulation des places de guerre a décerné des éloges pour son bon esprit à l'heure de l'accablement et des calamités de la patrie.

I

La ville de Toul, un des chefs-lieux d'arrondissement du département de Meurthe-et-Moselle, est située sur la rive gauche de la Moselle, au pied de coteaux couverts de vignobles. De ces coteaux, le plus important, le Mont-Saint-Michel, la domine d'une hauteur de 160 mètres au-dessus de son niveau.

Sa distance de Paris est de 270 kilomètres, mais elle n'est qu'à 160 kilomètres de Strasbourg et à 60 de Metz. Cette situation exceptionnelle entre ces trois grandes places lui donne une importance stratégique considérable, car chemin de fer, route et canal passent sous le feu de ses remparts.

Si l'on considère le chemin de fer de l'Est, qui possède une station à Toul, on voit qu'à demi-distance de cette ville à Nancy, c'est-à-dire à Frouard où la Meurthe et la Moselle joignent leurs eaux, il ouvre l'angle de bifurcation qui étend ses deux branches, l'une sur Metz, l'autre sur Strasbourg avec une troisième artère sur Épinal.

Les diverses routes qui relient Strasbourg à l'extrémité nord-est de notre ancienne frontière avec Paris convergent à Nancy. A Toul, elles sont fusionnées.

Enfin, le canal de la Marne au Rhin emprunte à cette place ses fossés et baigne ses remparts.

La ville, qui a une population de 8,000 âmes, est enveloppée dans une enceinte de neuf fronts bastionnés dessinés par Vauban. Elle a trois portes, celles de France, de Metz et de Moselle, et deux faubourgs, celui de Saint-Epvre et celui de Saint-Mansuy.

Pour bien comprendre les opérations du siège, il faut se figurer la place au centre d'un cercle de hauteurs. Le rayon en serait de 1800 mètres, en faisant passer la circonférence par les crêtes. Si du sud on remonte au nord par l'ouest, ces hauteurs se dessinent dans l'ordre suivant :

Au sud-est, celle de Dommartin, au sud celle de Chaudeney, à l'ouest celles de Saint-Epvre et de la Justice, au nord-ouest la côte ou mont Barine, au nord le mont Saint-Michel (385 mètres), à l'est la hauteur de Saint-Mansuy. Les ondulations et la vallée de la Moselle, qui ferment le cercle de la côte Saint-Mansuy à Dommartin, n'ont pas de position dominante.

La porte Moselle, au sud-est, s'ouvre sur la route de Nancy, par Dommartin et Gondreville. En sortant de cette porte, on passe sur un beau pont en pierres la rivière de Moselle, qui coule au sud, entre Saint-Epvre et Dommartin et se dirige à l'est sur Gondreville. Au-dessous de la porte, en dehors des fortifications, est le moulin Gigleux, qui alimentait la place de farine.

La porte de France, qui conduit au chemin de fer, s'ouvre au bas du mont Barine, sur la route de Bar-le-Duc et Paris.

La porte de Metz, au nord, conduisant à cette ville, est dominée par les hauteurs de Saint-Michel et de Saint-Mansuy. Sur le rempart, au dessus même de cette porte, on a édifié l'habitation du commandant de place.

Si maintenant dans la partie supérieure du cercle, celle du nord, on trace du nord-est à l'ouest deux lignes parallèles distantes de 300 ou 400 mètres, l'une, la plus éloignée, rasant le pied des monts Saint-Michel et Barine, l'autre entamant les glacis de la place, la première sera le chemin de fer de l'Est, la seconde, le canal de la Marne au Rhin.

La route qui va de la porte de France au chemin de fer, coupe perpendiculairement ces deux lignes, puis, faisant un angle droit, se dirige vers Paris.

A droite de cette route, en allant de la ville à la station, est situé le faubourg Saint-Mansuy, au bas du mont Saint-Michel, et à gauche, mais fort en arrière, le faubourg de Saint-Epvre aux pieds des hauteurs de Saint-Epvre et de la Justice. Au delà du chemin de fer, et sous le mont Barine, s'élève la faïencerie de Bellevue, qui joue un rôle dans les opérations.

La magnifique cathédrale de Toul et les bâtiments militaires, que l'ennemi choisissait surtout comme points de mire, sont dans la partie est de l'enceinte, entre la porte Moselle et la porte de Metz.

En 1870, le rôle de Toul, place de seconde ligne, était bien défini. Assise à la base d'un triangle qui a pour sommet : Metz, Strasbourg et Belfort, elle pouvait, dans le cas de l'offensive, servir de dépôt aux armées dirigées vers la frontière, instruire leurs recrues, préparer et expédier les approvisionnements, recueillir leurs malades et leurs blessés, et tenir lieu d'intermédiaire entre elles et Paris pour les relations militaires.

En supposant une guerre défensive, cette forteresse était appelée à rendre des services non moins efficaces. Elle devenait, en arrière de Metz, Strasbourg et Belfort, le sommet d'un second triangle dont les deux autres sommets sont Langres et Verdun.

Toutefois, dans cette prévision, elle ne pouvait offrir un point de résistance solide qu'à la condition d'inscrire ses faubourgs dans le cercle d'une nouvelle enceinte, et d'occuper d'une façon redoutable ce mamelon culminant de Saint-Michel, qui commande non-seulement la ville, mais encore toutes les hauteurs voisines.

On croyait si peu, dans ces dernières années, à une guerre défensive, que ce complément de fortifications, si souvent réclamé par les officiers du génie, n'avait jamais reçu même un commencement d'exécution.

II

Au début des hostilités, on résolut d'établir dans Toul un dépôt de blessés, et l'on y envoya le matériel nécessaire. A la fin de juillet, on lui assignait un autre destination, celle de grand parc de l'armée. Le général Mitrecé, chargé de la direction, y arriva avec son état-major et le train d'artillerie du parc. Mais la présence de cet officier général dans la place ne fut pas de longue durée. Il en partit le 13 août avec ses troupes, au moment où l'invasion prenait des proportions alarmantes, et l'on y fit entrer les

3ᵉ et 4ᵉ bataillons de la garde mobile de la Meurthe (Toul et Nancy) et les quatre batteries d'artillerie de cette garde.

Le commandement de la place appartenait alors à un officier supérieur de l'état-major des places, le major de cavalerie Huck, homme énergique et loyal, résolu à ne subir aucune intimidation et à accomplir son devoir dans toute l'honnêteté de sa conscience.

Il y avait en outre, à l'état-major de la place deux chefs de bataillon du génie, un chef d'escadron d'artillerie, deux sous-intendants et plusieurs officiers de santé.

Les remparts, entretenus avec soin, étaient en bon état. L'armement, toutefois, ne répondait point à leur importance. Pour la défense directe et contre les points éloignés, on ne pouvait mettre en batterie que 22 canons de 24 rayés, 8 canons lisses, 5 obusiers et 7 mortiers. Pour le flanquement, on possédait 29 canons lisses de 16 et de 12, en tout 71 bouches à feu, chiffre bien éloigné de celui que constatent les relations allemandes.

Il était possible d'inonder les fossés et d'ajouter à la force de l'enceinte par des traverses ou cavaliers et des blindages. Dans de telles conditions, la ville était à l'abri d'un coup de main, mais elle n'avait aucun moyen de s'opposer à l'artillerie rayée placée sur les hauteurs environnantes et particulièrement sur le mont Saint-Michel.

On devait s'attendre d'autant plus promptement à une attaque de ce genre, que l'ennemi avait un besoin urgent de toute sa liberté sous les remparts, pour la circulation de ses convois et de ses troupes, qui arrivaient en grand nombre par les voies ferrées et les routes de Metz et de Strasbourg. Il existait un moyen héroïque pour rendre la ligne de fer infranchissable et lui barrer fort longtemps le passage, c'était de faire sauter à droite et à gauche de Toul, le pont de Liverdun et le tunnel de Foug. On ne sut pas où l'on ne voulut pas en donner l'ordre.

La garnison de Toul se composait, au moment de son investissement, de la manière suivante :

Dépôt du 63ᵉ de ligne (major de Frasnois).	500 hommes.
Dépôt du 4ᵉ cuirassiers (major Normand).	120
2ᵉ et 4ᵉ bataillons de la garde mobile (chefs de bataillons de Ludre et de Fontenoy).	1,200
4 batteries d'artillerie, id. chef d'escadron Barbe.	410
Train des équipages (maréchal-des-logis Lefèvre).	20
Gendarmes (capitaine Leseurre).	40
Total.	2,290 hommes.

Mais dans ce nombre d'hommes à peine suffisant pour défendre une enceinte de neuf fronts bastionnés, on ne comptait que quelques anciens soldats, et pas un artilleur véritable. Les dépôts du 63ᵉ de ligne et du 4ᵉ cuirassiers, possédaient beaucoup de conscrits et d'ouvriers. Quant aux 1610 hommes de la garde mobile, ils n'étaient même pas habillés. L'instruction militaire et la discipline leur étaient complètement étrangères.

Néanmoins, avec un commandement viril et éclairé, on pouvait attendre d'heureux efforts de ces jeunes hommes, issus d'une province sympathique à l'esprit militaire et qui donne à l'armée régulière d'admirables soldats.

A leur arrivée, le commandant Huck ne perdit pas un instant, et commença leur instruction avec les faibles ressources dont il disposait. Il transforma un certain nombre de ses 40 gendarmes en artilleurs, poussa activement les travaux d'armement, fit abattre les arbres qui entouraient les remparts, afin de les dégager, rentra en ville les bois et les planches qui encombraient les chantiers du dehors, arma et organisa la garde nationale sédentaire, divisée en cinq compagnies, dont le commandement fut confié à un capitaine en retraite, M. Beaudoin.

Le conseil de défense fut ainsi composé :

Le major Huck, commandant de place, *président* ;

Le chef d'escadron Petit, commandant l'artillerie ;

Le chef de bataillon Bouchez, commandant le génie, remplacé plus tard par le commandant Balland ;

Le sous-intendant Hueber (1) ;

Le major Normand, commandant le dépôt du 4ᵉ cuirassiers ;

---

(1) M. Hueber, sous intendant militaire à Bar-le-Duc, puis à Lunéville, avait gagné Toul. Il est mort en captivité à Minden.

Le major Huot de Frasnois, commandant le dépôt du 63ᵉ de ligne.

Le 13 août, la défense fut divisée en trois arrondissements confiés au dépôt du 63ᵉ et aux 3ᵉ et 4ᵉ bataillons de la garde mobile.

Les cuirassiers furent armés de fusils et adjoints à l'artillerie et aux pompiers; la garde nationale sédentaire fournit une compagnie de service par jour.

L'approvisionnement de la ville était satisfaisant. La garnison avait du blé pour trois mois; les habitants en possédaient aussi, et le moulin Gigleux fonctionnait activement. Les épiciers étaient bien fournis en café, riz et légumes secs, et dans ce centre vinicole, le vin abondait. Le commandant fit affluer dans l'intérieur les bestiaux des villages de Dommartin et des faubourgs Saint-Mansuy et Saint-Épvre. Les maraîchers ne cessèrent pas de circuler sous la protection des détachements de l'extérieur tant que les faubourgs restèrent libres.

Il fut prescrit avec sévérité de placer devant chaque maison des cuves remplies d'eau, et de vider les greniers et les granges. On entassa le fourrage sur les places publiques. D'autres mesures furent prises pour assurer les soins aux blessés et l'éclairage de la cité.

III

Le 14 août, le Conseil assemblé décida qu'il était trop tard pour commencer les travaux de défense au mont Saint-Michel, en raison de la faiblesse de la garnison. En effet, le jour même, l'officier chef du poste, que l'on y avait mis en observation, signala les éclaireurs ennemis.

Un peloton de 35 cuirassiers ou gendarmes sortit des postes pour aller en reconnaissance. Il fit la rencontre de deux escadrons allemands, et rentra dans l'enceinte après avoir perdu 3 hommes dont 2 disparus. Peu après, un parlementaire se présenta au nom du duc de Wurtemberg pour sommer la place de se rendre dans les vingt-quatre heures. On refusa de l'entendre.

Le 15 au matin, un des deux cavaliers disparus la veille parvint à s'échapper, revint à Toul, et annonça que l'ennemi gravissait le mont Saint-Michel. La vigie placée sur les tours de la cathédrale ne l'apercevait pas, car de ce point, quoique élevé, on ne distingue que la crête de cette hauteur.

Or, ces troupes assaillantes formaient l'avant-garde du 4ᵉ corps allemand qui se trouvait à Nancy.

D'après les notes d'un témoin oculaire, ce corps, commandé par Atvensleben II, franchit la Moselle le 15 août, par le pont de Millery, et s'installa dans les localités suivantes :

Au village de Belleville, le 27ᵉ d'infanterie et une batterie d'artillerie ; à Marbache, un régiment d'infanterie ; à Saizerais, le 93ᵉ d'infanterie (régiment d'Anhalt-Dessau) avec tout l'état-major du 4ᵉ corps.

En amont de ce village prirent position deux batteries d'artillerie, et en aval, à la bifurcation de la route de Verdun et de Toul, lieudit les *Quatre-Vents*, deux autres batteries d'artillerie et un régiment de cuirassiers blancs ; à

Rosières-en-Haye, un régiment d'infanterie de Hanovre et un régiment de dragons. Le reste des troupes du 4ᵉ corps occupait les villages de Jaillon, Avrainville, Andilly, Royaumey et Sanrey.

L'ennemi pensait enlever la place d'un vigoureux coup de main. Il fit faire préalablement dans la journée deux nouvelles sommations qui furent rejetées, et résolut l'attaque dans la nuit du 15 au 16. Environ 8,000 hommes y prirent part. Ils furent désignés parmi les troupes les plus à proximité de la ville, et l'on semblait tellement assuré du succès, que le prince d'Anhalt-Dessau demeura à Saizerais, et qu'un dîner de 70 couverts destiné à l'état-major fut commandé dans ce village pour une heure de l'après-midi du 16.

Ce jour, les assaillants rassemblés à l'improviste se mirent en route dès quatre heures du matin. A onze heures et demie tout était prêt. On jugea, pour la forme, une sommation nécessaire, et comme elle resta sans résultat, le feu commença un quart d'heure après avec intensité. La ville le reçut de trois points différents : de la hauteur de Saint Mansuy, à l'est, en avant de la porte de Metz ; d'un contre-fort du mont Saint-Michel, au nord, et de la côte de Dommartin au sud, en avant de la porte Moselle.

Les batteries de Saint-Michel prenaient pour objectif l'hôtel du commandant de place et la cathédrale.

Sur les remparts, les troupes sont à leur poste de combat ; la garde nationale se joint à elles et les artilleurs improvisés répondent vigoureusement à l'assiégeant. Malgré tous leurs efforts, les pièces opposées au batteries du mont Saint-Michel ne peuvent envoyer leurs projectiles qu'à mi-côte, et encore, pour arriver à ce résultat, faut-il enlever les vis de pointage, afin d'abaisser le plus possible la culasse des pièces.

Après plusieurs salves bien nourries, les Allemands pensent avoir inspiré dans l'enceinte une terreur suffisante, et pour achever l'exécution du coup de main projeté, ils enveloppent à la faveur des arbres les murailles de tirailleurs, et engagent la fusillade avec l'infanterie qui les garnit. Les jeunes soldats qui la composent ne se laissent pas intimider par cette audacieuse tentative; et leurs coups sont si bien dirigés que leurs adversaires reculent, laissant sur le terrain leurs morts et leurs blessés.

A Saizerais, l'alarme était grande, les officiers devenaient soucieux, et vers deux heures, le chef du service sanitaire partit subitement pour Nancy, afin d'y organiser une ambulance. A six heures, M. de Noville, aide de camp d'Atvensleben II, et qui depuis est mort à Villers-Cotterets, revint à toute bride, et répondit à un de ses camarades accouru avec anxiété à sa rencontre : « Nous avons reçu une rude frottée et l'on ne dînera qu'à neuf heures du soir. » Le prince d'Anhalt partit en voiture pour le champ de bataille, en proie à une vive inquiétude : le 93ᵉ d'infanterie, régiment de son père, était au nombre de ceux qui avaient donné.

Le chef du service sanitaire, qui demeurait chez la personne de qui nous tenons ces détails, partit à son retour de Nancy pour le bourg de Rosières, afin d'y organiser une autre ambulance, et dit ces simples mots à cette personne en rentrant à quatre heures du matin : « Beaucoup de morts, beaucoup de blessés. »

Les ennemis ne se hasardèrent à ramasser les victimes sous les remparts que lorsque l'obscurité fut complète, et pendant toute la nuit on entendit de Toul le roulement des voitures chargées de cette mission funèbre. Leurs pertes avaient été considérables. On ne connaît pas le chiffre de leurs blessés qui furent transportés à l'ambulance de Nancy, mais il en entra 220 à celle de Rosières. Le 17 août, la garnison de Toul, sortant des portes, enterra 35 de leurs morts et ramena dans la place 15 blessés appartenant au 27e et 93e d'infanterie allemande. Le général commandant l'artillerie de l'attaque fut blessé lui-même et l'on enterra 3 officiers tués dans l'affaire, au cimetière de Saizerais : un officier supérieur, un capitaine du régiment d'Anhalt et un capitaine du 27e.

En joignant à ce triste dénombrement les morts inconnus et les blessés entrés à l'ambulance de Nancy, on arrive au chiffre véridique de 600 hommes mis hors de combat par les assiégés.

C'était un succès d'autant plus éclatant pour eux, qu'ils n'avaient eu dans l'action que 8 tués et 16 blessés. Dans la cité, les dommages étaient graves. Les débris de la riche ornementation de la cathédrale fortement atteinte jonchaient le sol, la toiture de l'hôtel du commandant de place était effondrée et la maison du receveur des finances réduite en cendres, pendant qu'il faisait aux remparts son service de garde national.

En outre, vingt-deux incendies s'étaient manifestés sur divers points. Ils avaient été étouffés grâce aux précautions prises par le commandant, à l'activité et au courage des sapeurs-pompiers et de leurs auxiliaires. M. de Boiluizant, lieutenant au 4e cuirassiers, fut au nombre des morts de cette journée.

Les gardes nationaux, en rentrant dans leurs maisons après avoir honorablement accompli leur devoir, trouvèrent leurs familles consternées. L'effet destructeur des projectiles et l'idée surtout que la ville, dominée de toutes parts, ne pouvait résister aux effets de la nouvelle artillerie, étaient pour bien des habitants une cause de découragement. Cette disposition d'esprit engagea le maire, suivi de cette fraction alarmée de la population, à faire une manifestation près du commandant de place, pour demander la capitulation. Le major Huck n'attendit pas la manifestation ; il vint la trouver à l'Hôtel de ville. Sa volonté inébranlable de continuer la résistance, sa fermeté, son attitude calme et l'offre qu'il fit d'ouvrir les portes de la ville à tous les citoyens que ne retenait pas un service actif, rassurèrent les cœurs ébranlés.

C'est ce fait, suivi d'autres analogues, qui, dans la séance du 25 octobre 1871, a motivé le blâme formulé par le Conseil d'enquête sur les capitulations contre les autorités municipales de Toul et un certain nombre d'habitants, à l'exclusion de la population, au bon esprit de laquelle le Conseil rend hommage.

La jeune garnison, au contraire, enorgueillie de l'échec infligé par elle à l'ennemi, se montrait pleine d'enthousiasme et plus résolue que jamais.

Le surlendemain de cette première affaire, si honorable pour le commandant Huck et ses soldats, le 2° corps bavarois, commandé par le général Hartmann, avait succédé au 4ᵉ corps prussien, et un officier de cette nationalité se présenta à la porte Moselle pour demander le passage d'un corps d'armée sous la place, en s'engageant à cesser le feu. Une telle demande ne pouvait être et ne fut pas prise en considération.

Jusqu'au 23 août on se prépara avec vigueur à l'attaque et à la défense. Pendant que les assiégés construisaient des ouvrages sur les remparts et blindaient leur artillerie au moyen de gros arbres coupés sur les glacis, quelquefois, malgré les obus, ils apercevaient la construction de six nouvelles batteries sur les hauteurs de Chaudeney et de Dommartin. Elles devaient croiser leur tir avec celui du mont Saint-Michel. Ainsi le cercle de feu se complétait. On lança quelques projectiles sur ces récents ouvrages et l'on parvint à démonter une pièce.

Le 22 août, le 2° corps bavarois fut renforcé par la 11ᵉ division du 6ᵉ corps, avec la réserve d'artillerie sous les ordres du général Gordon.

Le 25, à six heures du matin, ce général demandait la reddition de la forteresse, en stipulant les conditions les plus honorables qui puissent être offertes dans ce cas. Le refus du commandant Huck fut suivi un quart d'heure après d'un deuxième bombardement. Il dura cinq heures. Cinquante bouches à feu tonnaient sur la cité avec une rapidité qui ne s'explique que par le prompt chargement des pièces par la culasse.

Les ravages qu'elles causèrent furent considérables. Leurs feux croisés réduisirent en monceaux de décombres le quartier de cavalerie, les magasins à fourrage et ceux de l'entrepreneur du génie. L'Hôtel de ville et la cathédrale souffrirent considérablement.

A une heure et demie, ce bombardement fut interrompu par l'arrivée d'un parlementaire, le colonel d'artillerie Hartmann (1). Il renouvelait au nom du Prince-Royal, l'offre de conditions exceptionnelles, avec des indemnités pour les habitants si l'on consentait à la reddition. Il ne put cacher à l'officier français envoyé auprès de lui le pressant besoin que l'on éprouvait dans l'armée prussienne de cette prise de possession. « Nous ne nous pressons pas, lui disait-il, de prendre les places qui nous sont inutiles, mais il nous faut absolument Toul, c'est l'ordre du Prince-Royal. »

Le conseil municipal, convoqué intempestivement par le sous-préfet qui n'en avait ni le droit ni le devoir, envoya au commandant de place une délibération motivée, dont les conclusions tendaient à l'acceptation de ces conditions. Ces tentatives échouèrent, et le bombar-

---

(1) La lettre remise par le parlementaire, le 23 août, au commandant Huck, lui faisait connaître que l'armée française était complètement isolée, et que si Toul ne se rendait pas, l'assiégeant ne répondait pas des tristes conséquences du refus. Cette lettre affirmait en outre, sur l'honneur, que les équipages de siège étaient en route et ne tarderaient pas à arriver devant la place.

dement recommença avec fureur jusqu'à la nuit et jusqu'à épuisement de munitions de l'assiégeant. Il y avait évidemment parti pris chez ce dernier d'en finir avec la ville par un embrasement général, car dès que la flamme se manifestait sur un point, l'arrivée des projectiles incandescents redoublait au foyer de l'incendie.

La place encore une fois s'était vaillamment comportée, elle avait répondu avec succès aux batteries de Chaudeney et de Dommartin, mais elle avait été impuissante contre celles du mont Saint-Michel. Ses pertes étaient de 2 hommes tués et 10 blessés.

Dès ce jour, les Allemands désappointés jugèrent qu'ils avaient à lutter contre un adversaire bien résolu à se défendre jusqu'à la dernière extrémité, et qu'ils présumaient trop de leur espoir d'une prompte reddition. Ils décidèrent qu'il était urgent, non-seulement de compléter leur cercle d'investissement, mais encore de renoncer à l'emploi unique de leur artillerie de campagne, afin de faire usage d'un matériel de siège dont ils attendaient un résultat plus terrifiant. Les opérations du siège allaient donc entrer dans une nouvelle phase.

IV

Le 21 août, le 2ᵉ corps bavarois abandonna Toul pour prendre une autre direction, et un corps d'investissement aux ordres du colonel de Hippel lui succéda. Cet officier supérieur commandait le régiment combiné de landwher et de garnison de Torgau. On mit à sa disposition une artillerie considérable, et quelques jours après son installation, sous le rayon de la place, des compagnies d'artillerie de forteresse lui amenèrent de Marsal, 12 pièces de douze et autant d'obusiers et de mortiers de 32 centimètres.

Si les assiégeants prenaient de nouvelles dispositions, le commandant Huck ne restait pas inactif. Il employait toutes ses journées à réparer les dégâts causés par cette deuxième tempête de projectiles, à augmenter les autres moyens de défense et à continuer l'instruction de ses jeunes troupes, en regrettant que leur faiblesse numérique et la composition de sa garnison ne lui permissent pas d'opérer quelques sorties.

Le 25, cependant, il fut assez heureux pour faire sauter le pont de la Viergeotte sur lequel passe le chemin de fer au-delà du faubourg Saint-Mansuy. C'était un événement favorable, car les convois ennemis qui arrivaient de Fontenoy, auraient pu profiter de l'obscurité de la nuit pour franchir Toul. La rupture de ce pont les mettait dans l'impossibilité de s'avancer au-delà.

Le 3 septembre, un parlementaire, porteur d'une lettre du colonel de Hippel, se présentait muni de pleins pouvoirs pour traiter avec la place; il annonçait la triste catastrophe de Sedan et pensait déterminer la capitulation par cette désolante nouvelle. Il n'obtint qu'une fière réponse.

On était bien loin à Toul d'acquiescer à semblable sollicitation; l'enthousiasme de la journée du lendemain en fut une preuve éclatante. Sous un ciel radieux, le commandant de la place ordonna une revue de ses troupes et remit à la garde mobile un drapeau confectionné par les dames de Toul. Dans les rangs des soldats, ainsi que dans la foule émue qui assistait à cette solennité, on se promit de rester fidèle à ce symbole sacré, dans lequel se personnifie la patrie, et les voix qui l'acclamèrent étaient inspirées par le sentiment du devoir et de la plus pure abnégation. Ce ne fut que quatre jours après que l'on connut à Toul, par un émissaire secrètement arrivé de Mirecourt, le décret qui instituait la République et le gouvernement de la Défense nationale.

Le commandant de place convoqua immédiatement le Conseil municipal pour lui transmettre la nouvelle de ce grave événement et pour inviter la population entière à la plus intime union.

En pleine guerre, et lorsque l'étranger accable de sa présence le sol natal humilié et mutilé, le patriotisme commande aux passions politiques de rester silencieuses sous la voix du canon et de ne pas aggraver par des divisions intestines, la crise suprême que traverse le pays. Le sentiment de la résistance, la haine du vainqueur, tels sont les mobiles qui doivent enflammer les esprits, dût la trêve des partis se rompre après les hostilités.

Dans un si grave péril, l'expansion de ces passions au contraire affaiblit l'amour de la patrie, jette la discorde chez les personnes, et la perturbation dans les choses, retarde les mesures militaires au lieu de les accélérer, désorganise la défense et décuple les forces de l'ennemi. Une nation qui se divise et discute sous l'éclair des baïonnettes étrangères, ressemble à un navire battu par l'ouragan. Elle oscille sous les coups des adversaires qui l'ébranlent à l'intérieur et à l'extérieur, et, comme lui, finit par sombrer.

C'est ce que l'on sut comprendre dans l'enceinte de Toul, où nulle manifestation coupable ne vint entraver l'action militaire, ni jeter l'indiscipline parmi les combattants.

Une dépêche allemande du 7 septembre témoigne des efforts inouïs que faisaient alors nos adversaires pour réduire la place, et du prix qu'ils y attachaient.

« C'est avec une peine infinie, disait la *Gazette de Cologne*, qu'on a réussi à transporter, par voie de terre, un assez grand nombre de canons de siége contre Toul, pour que le bombardement puisse commencer demain. On espère que cette toute petite forteresse, qui contient une garnison de 2.000 hommes de mobiles et de 1,000 soldats de ligne, ne tardera pas à se rendre, ce qui est d'une grande importance, afin qu'on puisse disposer jusqu'à Châlons-sur-Marne du chemin de fer qui, malheureusement, se trouve encore barré par Toul. Le défaut de sûreté des chemins qui l'entourent, va toujours en augmentant. De tous côtés, ils sont parcourus par de petites bandes, qui empêchent d'envoyer le moindre détachement ou d'expédier le moindre convoi sans escorte. »

Cette action, annoncée pour le 8, ne put s'exécuter que le 10, en raison des obstacles que le mauvais temps présenta à l'ascension d'un lourd matériel. Comme d'habitude, elle fut précédée d'une sommation infructueuse.

Ce bombardement, qui était le troisième, dura depuis sept heures du matin jusqu'à quatre heures du soir, avec une violence qui annonçait pour cette fois la ferme intention de réduire en poussière une ville qui ne voulait, ni se laisser brûler, ni se rendre. Les bombes, les obus et les boulets pleuvaient de tous les points de l'horizon de 50 bouches à feu.

Les projectiles étaient principalement dirigés contre les églises, l'Hôtel de Ville, ancien palais épiscopal, les casernes, la poudrière et la manutention. Les hôpitaux ne furent point épargnés, malgré le drapeau de la convention internationale qui flottait à leur faîte. Les remparts répondaient de leur mieux à l'assaillant, et parvinrent à éteindre le feu de deux batteries. On s'était aperçu, de l'observatoire de la cathédrale, que la faïencerie de Bellevue, au pied du mont Barine, était devenue le quartier général de l'assiégeant. On prit une mesure rigoureuse, mais utile : on la réduisit en cendres.

Un grand nombre de maisons furent effondrées ce jour-là. L'église de Saint-Gengoult était dévastée, son portail mis en pièces et son jeu d'orgues projeté dans la nef. Les dommages causés à l'hôpital et à la Maison-Dieu étaient tels, qu'il fallut descendre les malades et les blessés dans les caves.

On avait pu se rendre maître de tous les incendies, excepté de celui du magasin d'habillement des cuirassiers, qui fut anéanti. En dirigeant ce périlleux service, le commandant

Bouchez fut blessé d'un éclat d'obus. La garnison avait en outre 6 tués et 15 blessés.

Les habitants s'étaient montrés fort énergiques. Le clergé prêchait la résistance avec un entraînement communicatif. Des hommes, des femmes, des enfants bravaient les projectiles, escaladaient les remparts pour y porter des vivres. Ailleurs, on s'encourageait au sacrifice des propriétés et à la résolution de s'enfermer désormais dans les caves.

Après cette terrible journée un décret du gouvernement déclara que Toul et ses défenseurs avaient bien mérité de la patrie. Un journal, introduit dans la place, vint y faire connaître cette manifestation officielle que consacra la reconnaissance nationale. La lecture du décret devant les troupes fut l'occasion d'une nouvelle explosion d'enthousiasme, et l'on se promit de persévérer dans une abnégation et un dévouement appelés à supporter encore les plus rudes épreuves.

Des dépêches allemandes des 10 et 11 septembre expriment en cette circonstance quels furent l'espoir et le désappointement des Prussiens.

« Le bombardement de Toul a commencé ce matin, dit la *Gazette de Cologne*; nos bombes portent très-bien, et déjà à neuf heures le feu s'est déclaré sur trois points différents de la ville. Comme des hauteurs où elles se trouvent, nos batteries dominent complètement la forteresse, située au fond de la vallée, nous avons peine à croire qu'elle puisse tenir longtemps. »

Et le lendemain: « Le bombardement fait

hier à Toul au moyen des canons lisses pris à Marsal et avec lesquels nous avons lancé un millier de projectiles, a donné la conviction que cette sorte de canons n'est pas propre à faire le bombardement avec autant de force et de puissance qu'il est désirable. On ne recommencera pas cette expérience, mais on fera parvenir du parc d'artillerie devant Strasbourg une douzaine de gros canons prussiens de 24, dont la portée et l'efficacité annoncent des résultats bien différents de ceux des canons français lisses d'ancienne construction. »

Nos ennemis avaient des mots heureux. Ils appellent le troisième bombardement de Toul avec les canons de Marsal, une *expérience*. Quelques jours plus tard, le grand-duc de Mecklembourg-Schwerin, qui va apparaître, dira dans un rapport qu'en attendant l'arrivée des pièces rayées de siège, il bombarde la ville pour en rendre le séjour aussi *désagréable* que possible.

Ce fut le 12 septembre que le grand-duc de Mecklembourg, commandant le 13e corps, arriva sous la place et succéda au colonel de Hippel. Il la fit investir par la division de Schimmelmann, qui comprenait les 75e, 76e, 89e et 90e régiments d'infanterie, le 14e bataillon de chasseurs à pied, le 11e uhlans, le 18e dragons, 2 compagnies de pionniers, et 7 batteries de campagne, en tout 15,000 hommes environ. Nous allons assister avec ces troupes à la quatrième et dernière période du siège.

V

Dès le 12 septembre, le grand-duc de Mecklembourg dirigea son artillerie de campagne sur l'intérieur de la ville, afin d'en rendre le séjour *désagréable*, et la cathédrale fut encore son principal objectif.

La galerie élégante qui forme le couronnement des tours disparut en partie.

Le lendemain commençait un bombardement plus complet. A sept heures et demie, 18 pièces de campagne ouvraient, de la crête du mont Saint-Michel, un feu des plus vifs qui dura neuf heures. Ce tir avait pour objectif les remparts, et son but principal était de démonter les pièces de la défense et de détruire les blindages élevés avec tant de soins les jours précédents. Les remparts ripostèrent vaillamment ; mais les ouvrages souffrirent beaucoup. Dans cette action, le garde d'artillerie Vallard eut une jambe emportée, et le commandant Petit, de l'artillerie, fut atteint à la tête d'un éclat d'obus qui ne le mit cependant pas hors de service.

A dater de ce jour, le feu de l'ennemi, tantôt lent et irrégulier, tantôt rapide et continu, ne cessa ni jour ni nuit de jeter l'alarme et le deuil dans la cité. La circulation dut cesser dans les rues, les magasins se fermèrent. Il fallut faire disparaître l'éclairage du soir qui aidait à la justesse de ce tir, et se réfugier dans les caves.

Les communications devenaient tellement dangereuses qu'on était aux expédients pour se procurer des vivres ; néanmoins, les défenseurs ne perdaient pas courage, et le danger ne les empêchait pas de réparer leurs désastres à mesure qu'ils se produisaient. Ils infligèrent même à leurs adversaires des pertes sérieuses, car on voyait à la lunette ramasser les morts et les blessés sur le mont Saint-Michel.

Dans cette phase du siége, les événements les plus douloureux vinrent attrister la ville. Vingt soldats du train rendaient d'immenses services, en transportant sans trêve le matériel et les munitions aux remparts, sept d'entre eux furent atteints à la fois par les éclats du même projectile et transportés à l'hôpital gravement mutilés.

L'ennemi, qui s'était décidé à remuer des terres pour se rapprocher de plus en plus des murailles, incendia dans la nuit du 19 au 20 le moulin Gigleux, qui faisait vivre les habitants, et le lendemain il envahissait les deux faubourgs que la faiblesse numérique de la garnison, n'avait pas permis d'occuper. A la suite de cette prise de possession, il fit sauter le barrage du canal.

On remédia à la première de ces catastrophes en fabriquant de la farine en ville au moyen de vieilles bluteries ; mais on dut renoncer à ramener l'eau dans les fossés, aussi bien qu'à déloger des faubourgs l'ennemi qui en avait crénelé et matelassé les habitations, de crainte de frapper les familles qu'ils y retenaient, et qui comptaient des leurs dans l'enceinte de la forteresse.

Le commandant cependant n'hésita pas à canonner, sans pouvoir l'atteindre, une ferme de

Saint-Mansuy, occupée par l'état-major prussien.

Le 22 septembre, le bombardement éclata dans toute sa fureur.

Dix pièces rayées de 24 et seize de 12, venues d'Allemagne, s'adjoignaient à celles qu'on avait amenées de Marsal.

Voici quelle fut la disposition de cette artillerie :

Sur le mont Saint-Michel, 39 pièces de campagne ; sur les hauteurs de Saint-Epvre et aux environs, 34 de gros calibre ; à la Faïencerie, 6 bouches à feu de même espèce, originaires de Marsal ; à la gare, 8 mortiers. L'ennemi avait en réserve 21 autres pièces, ce qui porte le nombre de ses bouches à feu autour de Toul à 108.

La place disposait bien, pour leur donner la réplique, de 71 bouches à feu, mais elle avait reconnu que 29 était d'une trop faible portée et que 42 seulement pouvaient être utilement employées.

L'artillerie ennemie donna tout entière avec un ensemble sinistre, et les feux convergents rendirent presque nulle l'action tentée par les défenseurs, qui abandonnèrent deux pièces dont le blindage avait disparu.

Les travaux de tranchée étaient arrivés à 200 mètres de la contrescarpe ; ce fut contre eux que l'on dirigea le tir des remparts.

Le 23, dès le matin, le feu reprit avec la même intensité. Les premiers projectiles renversèrent le couronnement de la porte de France et son corps de garde, et brisèrent les chaînes du pont-levis qui s'abattit sans laisser l'espoir d'être relevé. Il existe une demi-lune à cette porte. Les feux convergents y causaient tant de ravages que la troupe qui y était postée, ne put s'y maintenir.

L'hôpital et les maisons environnantes furent littéralement effondrés; un magasin à fourrages, qui subsistait encore, disparut dans les flammes. L'ennemi dirigeait ses coups contre les casemates, dernier refuge de la garnison, en enfilant dans toute son étendue, la rue dans laquelle elles avaient issue. Les soldats qui voulurent en sortir furent atteints, des bombes frappèrent de mort des femmes et des enfants réfugiés dans les maisons. Ces deux journées coûtèrent aux assiégés 8 tués et 30 blessés.

Impressionné par ces désastres et par la perspective de la ruine totale de la ville, le Conseil municipal se réunit et rédigea une nouvelle adresse au commandant pour lui demander la cessation d'une résistance jugée inutile.

Le brave Huck ému, mais non convaincu par cette supplique, rassembla son Conseil de défense. Les chefs de corps vinrent lui déclarer l'impossibilité de continuer le combat. Le capitaine des pompiers affirma qu'il n'y avait plus à compter sur aucun secours contre les incendies qui se manifestaient sur plusieurs points et qui menaçaient les maisons et les monuments d'un anéantissement complet.

Le Conseil de défense fut d'avis qu'après quarante jours d'une lutte persistante et courageuse, la résistance était arrivée à son terme. On objecta bien que faute de l'ouverture de la brèche, la place n'était pas dans les conditions réglementaires pour justifier d'une capitulation, mais l'opération militaire dirigée contre la forteresse n'était plus un siège, c'était un écrasement, et cet écrasement parvenu dans quelques heures à son maximum d'intensité en rendrait la chute inévitable, après d'affreuses calamités: Tels sont les arguments qui prévalurent dans le Conseil de défense. La capitulation y fut votée dans un procès-verbal signé par tous les membres. Le commandant Huck, le dernier, consomma par sa signature ce sacrifice navrant pour le cœur d'un soldat.

« En présence de la douloureuse nécessité de rendre la place, dit-il, reconnaissant toute la gravité de la détermination que j'allais prendre, je me suis recueilli. J'ai pensé que mon honneur, celui de mes enfants, de ma famille, celui de ma garnison en dépendaient.

» Alors, comparant ma position à celle d'un capitaine dont le navire est perdu, j'ai reconnu comme un impérieux devoir, d'en sauver les passagers, avec la conviction d'avoir sauvegardé l'honneur de son équipage et celui de son pavillon. »

Voici le texte de la délibération qui termina les hostilités.

« Le Conseil de défense considérant :

» 1° Que le bombardement commencé il y a quarante jours, a repris sans interruption depuis huit jours, avec une intensité extrême ;

» 2° Que les attaques incessantes sur tous les fronts se resserrent sans qu'on puisse y opposer de résistance efficace ;

» 3° Que la garnison a fait jusqu'à ce jour tout ce qu'il était possible d'attendre d'elle, mais que la défense dominée et écrasée de tous les côtés par une formidable artillerie de plus de 60 pièces, se trouve aujourd'hui complètement paralysée ;

» Émet l'avis qu'il y a lieu de prendre enfin la demande du Conseil municipal en considération. »

A quatre heures de l'après-midi, le drapeau blanc fut hissé sur l'une des tours de la cathédrale. Le feu s'arrêta tout à coup, et le brigadier de gendarmerie de garde à la porte de France, vint prévenir le capitaine Minel, commandant une des batteries de la garde mobile, que des parlementaires prussiens demandaient un officier. Ce capitaine se présenta à l'avancée et se trouva en présence du colonel de Krenki, chef d'état-major du grand-duc et de son aide-de-camp. Ils étaient munis de pleins pouvoirs pour traiter de la reddition de la place, et ils exprimaient le désir d'en prendre immédiatement possession.

Le gouverneur arriva aussitôt. Les débats ne furent pas longs, l'ennemi ne donnait pas plus de deux heures à la garnison pour se constituer prisonnière.

On n'eut donc ni le temps ni le loisir de détruire le matériel de guerre. Le capitaine Minel cependant fit noyer au plus vite les cartouches et les obus chargés dans les magasins des bastions dont il avait le commandement ; il cassa lui-même le grain d'orge de chaque pièce rayée et fit briser les hausses latérales. En se rendant à la caserne, il vit les artilleurs qui tordaient leurs fusils, et les enfants de troupes du 63e de ligne qui lançaient les paquets de cartouches disponibles par dessus le parapet, dans l'eau des fossés.

On tint rigoureusement compte au commandant Huck du refus qu'il avait fait autrefois de propositions avantageuses, et on lui imposa les conditions de Sedan. Il obtint cependant que les gardes mobiles qui faisaient partie de la population de la ville avant l'investissement ne seraient pas faits prisonniers.

Il fut stipulé que la garnison serait conduite sans armes sur le glacis de la porte de France; que les officiers conserveraient leur épée et se rendraient prisonniers à Fontenoy pour être dirigés sur la Prusse.

L'article 5 de la convention rend hommage « à la courageuse défense faite pendant six semaines par la forteresse de Toul contre des forces supérieures. »

Mais l'article 6 est un procédé qui manque de générosité. A Laon, le grand-duc de Mecklembourg avait failli être victime d'un acte de patriotisme exalté.

Le vainqueur prend ses précautions contre les chances de retour d'un pareil événement, et voici le texte qu'il introduit dans la convention :

« Article 6. — En considération de l'accident fâcheux qui s'est produit à l'occasion de la capitulation de Laon, il est stipulé que si pareille chose se produisait à l'entrée des troupes allemandes dans la forteresse de Toul, toute la garnison serait livrée *à la merci* de S. A. R. le grand-duc de Mecklembourg-Schwerin. »

Le lendemain 24, le grand-duc fit son entrée à travers les décombres encore fumants de la cité, à l'heure même où le commandant Huck et ses officiers s'embarquaient en wagons pour l'Allemagne.

Voici quelles furent les pertes des défenseurs de Toul pendant le siège :

	Tués.	blessés.	Total.
Officiers,	1	8	9
Troupe et garde mobile,	25	81	106
Habitants,	8	20	28
Total général,	34	109	143

Sur ces 109 blessés, 10 ont succombé depuis à leurs blessures, ce qui porte le nombre des morts à 44. Les blessures légères et celles des gardes mobiles qui ont pu être soignés dans leurs familles ne sont pas comprises dans ces chiffres.

Ces pertes, regrettables il est vrai, sont minimes si l'on considère celles que les assiégés on fait subir aux Allemands, et qui, dans la seule journée du 16 août, se sont élevées au chiffre établi de 600 tués ou blessés.

En compensation de ce sang honorablement versé par ses défenseurs, la ville de Toul a eu la gloire d'arrêter pendant quarante jours les armées ennemies sous ses murs, et de permettre à la résistance de s'organiser. La défense de Toul est donc un des beaux faits de la dernière guerre, un fait saillant, qui a mérité beaucoup d'éloges et peu de blâme, si nous nous en rapportons même au procès-verbal du Conseil d'enquête sur les capitulations, rédigé le 27 octobre 1871.

Les procès-verbaux de ce Conseil on fait justice de la faiblesse de quelques individualités, mais d'autres peuvent déplorer les défaillances qui se sont tristement multipliées pendant la dernière invasion au sein de la plupart de nos populations, et qui ont eu une influence désastreuse sur le résultat des événements. Qu'est devenue cette virilité de nos pères, alors que, pour ne pas livrer leur remparts en ruines, Lille et Huningue s'ensevelissaient sous les décombres de leurs habitations, que Vincennes menaçait de se faire sauter, et que les paysans de la Lorraine et de la Champagne s'unissaient avec énergie aux débris de nos armées qui défendaient pied à pied la terre natale contre l'envahisseur? En cette néfaste guerre de 1871, la défense de Châteaudun, imitée par toutes les villes qui se sont laissé occuper sans la moindre protestation, eût changé la face de la campagne.

L'héroïsme de telles actions eût entravé l'ennemi dans sa marche en lui inspirant une juste crainte, et lui eût enlevé l'audacieuse confiance avec laquelle il pénétra en France du Rhin à l'Océan. Le sang généreux répandu dans ces combats de désespoir eût fécondé l'enthousiasme de la jeunesse, fortifié les courages et évité d'immenses désastres.

Quelle puissance oserait se flatter de lutter avec succès contre les efforts d'un peuple disposé, pour vaincre, à tous les sacrifices. S'il tombe, c'est du moins avec une grandeur qui impose au monde le respect.

Une facile soumission sous les pas de l'ennemi engendre une panique qui se propage jusque dans les armées de la défense ; et, sous ce rapport, nous n'avons pas présenté un spectacle plus consolant que les Autrichiens terrifiés en 1866 par l'irruption soudaine des Prussiens en Bohême et par la défaite de Sadowa.

Puissent les grandes et terribles leçons de ce fatal passé ne pas rester stériles en nos cœurs ! et si notre pays doit soutenir encore le poids de ces solennelles épreuves, souvenons-nous qu'une soumission prématurée et que les deuils de la captivité sont plus funestes aux intérêts, à l'avenir et à l'honneur d'un peuple qu'une succession de défaites en batailles rangées.

— FIN. —

FONTAINEBLEAU. — IMPRIMERIE ERNEST BOURGES.

274

www.ingramcontent.com/pod-product-compliance
Lightning Source LLC
Chambersburg PA
CBHW061015050426
42453CB00009B/1450